教学成果奖励条例

中国法制出版社

2024年最新修订

教学成果奖励条例

中国法制出版社

目　　录

中华人民共和国国务院令（第777号）………（1）

国务院关于修改和废止部分行政法规的决定

（节录）……………………………………（2）

教学成果奖励条例 …………………………（4）

中华人民共和国国务院令

第 777 号

《国务院关于修改和废止部分行政法规的决定》已经 2024 年 2 月 2 日国务院第 25 次常务会议通过，现予公布，自 2024 年 5 月 1 日起施行。

总理　李强

2024 年 3 月 10 日

国务院关于修改和废止部分行政法规的决定（节录）

为贯彻落实党的二十大和二十届二中全会精神，落实党和国家机构改革精神，完整、准确、全面贯彻新发展理念，加快构建新发展格局，着力推动高质量发展，国务院对涉及的行政法规进行了清理。经过清理，国务院决定：

一、对8部行政法规的部分条款予以修改。（附件1）

二、对13部行政法规予以废止。（附件2）

本决定自2024年5月1日起施行。

附件：1. 国务院决定修改的行政法规
   2. 国务院决定废止的行政法规

附件1

国务院决定修改的行政法规（节录）

一、将《教学成果奖励条例》第七条、第八条、第九条、第十条中的"国家教育委员会"修改为"国务院教育行政部门"。

……

此外，对相关行政法规中的条文序号作相应调整。

教学成果奖励条例

（1994年3月14日中华人民共和国国务院令第151号发布 根据2024年3月10日《国务院关于修改和废止部分行政法规的决定》修订）

第一条 为奖励取得教学成果的集体和个人，鼓励教育工作者从事教育教学研究，提高教学水平和教育质量，制定本条例。

第二条 本条例所称教学成果，是指反映教育教学规律，具有独创性、新颖性、实用性，对提高教学水平和教育质量、实现培养目标产生明显效果的教育教学方案。

第三条 各级各类学校、学术团体和其他社会组织、教师及其他个人，均可以依照本条例的规定申请教学成果奖。

第四条 教学成果奖，按其对提高教学水平和教育质量、实现培养目标产生的效果，分为国家级和省（部）级。

第五条 具备下列条件的，可以申请国家级教学成果奖：

（一）国内首创的；

（二）经过2年以上教育教学实践检验的；

（三）在全国产生一定影响的。

第六条 国家级教学成果奖分为特等奖、一等奖、二等奖三个等级，授予相应的证书、奖章和奖金。

第七条 国家级教学成果奖的评审、批准和授予工作，由国务院教育行政部门负责；其中授予特等奖的，应当报经国务院批准。

第八条 申请国家级教学成果奖，由成果的持有单位或者个人，按照其行政隶属关系，向省、自治区、直辖市人民政府教育行政部门或者国务院有关部门教育管理机构提出申请，由受理申请的教育行政部门或者教育管理机构向国务院教育行政部门推荐。

国务院有关部门所属单位或者个人也可以向所在地省、自治区、直辖市人民政府教育行政部门提出申请，由受理申请的教育行政部门向国务院教育行政部门推荐。

第九条　不属于同一省、自治区、直辖市或者国务院部门的两个以上单位或者个人共同完成的教学成果项目申请国家级教学成果奖的，由参加单位或者个人联合向主持单位或者主持人所在地省、自治区、直辖市人民政府教育行政部门或者国务院有关部门教育管理机构提出申请，由受理申请的教育行政部门或者教育管理机构向国务院教育行政部门推荐。

第十条　国务院教育行政部门对申请国家级教学成果奖的项目，应当自收到推荐之日起90日内予以公布；任何单位或者个人对该教学成果权属有异议的，可以自公布之日起90日内提出，报国务院教育行政部门裁定。

第十一条　国家级教学成果奖每4年评审一次。

第十二条　省（部）级教学成果奖的评奖条件、

奖励等级、奖金数额、评审组织和办法，由省、自治区、直辖市人民政府、国务院有关部门参照本条例规定。其奖金来源，属于省、自治区、直辖市人民政府批准授予的，从地方预算安排的事业费中支付；属于国务院有关部门批准授予的，从其事业费中支付。

第十三条 教学成果奖的奖金，归项目获奖者所有，任何单位或者个人不得截留。

第十四条 获得教学成果奖，应当记入本人考绩档案，作为评定职称、晋级增薪的一项重要依据。

第十五条 弄虚作假或者剽窃他人教学成果获奖的，由授奖单位予以撤销，收回证书、奖章和奖金，并责成有关单位给予行政处分。

第十六条 本条例自发布之日起施行。

教学成果奖励条例

JIAOXUE CHENGGUO JIANGLI TIAOLI

经销/新华书店
印刷/鸿博睿特（天津）印刷科技有限公司
开本/850毫米×1168毫米 32开　　　　印张/0.375　字数/3千
版次/2024年4月第1版　　　　　　　　2024年4月第1次印刷

中国法制出版社出版
书号 ISBN 978-7-5216-4445-6　　　　　　　　　定价：4.00元

北京市西城区西便门西里甲16号西便门办公区
邮政编码：100053　　　　　　　　　传真：010-63141600
网址：http://www.zgfzs.com　　编辑部电话：**010-63141673**
市场营销部电话：010-63141612　　印务部电话：**010-63141606**

（如有印装质量问题，请与本社印务部联系。）

ISBN 978-7-5216-4445-6

定价：4.00元